RELATION HISTORIQUE,

HEURE PAR HEURE,

DES

ÉVÉNEMENS FUNÈBRES

DE LA NUIT DU 13 FÉVRIER 1820,

D'APRÈS DES TÉMOINS OCULAIRES;

PAR M. HAPDÉ,

Auteur du *Panache blanc de Henri IV*, etc. etc.,
Membre de la Société royale académique des Sciences, etc.

SUR LA QUATRIÈME ÉDITION,

Augmentée de plusieurs traits inédits de feu S. A. R.

A CLERMONT,

DE L'IMPRIMERIE DE LANDRIOT,

IMPRIMEUR DU ROI ET DE LA PRÉFECTURE.

M. D. CCC. XX.

A MESSIEURS LES MAIRES

DES VILLES DE FRANCE.

*M*ESSIEURS,

J'*autorise* TOUS LES IMPRIMEURS *et* LIBRAIRES DU ROYAUME *à* IMPRIMER *et* VENDRE CETTE QUATRIÈME ÉDITION, *à la charge par eux de déclarer, préalablement, devant vous, le nombre d'exemplaires qu'ils voudront imprimer ou distribuer, et de verser ensuite, entre vos mains, le montant du prix des exemplaires vendus, déduction faite des frais d'impression et de la remise d'usage dans la librairie.*

Je vous prie, en conséquence, MESSIEURS, *de vouloir bien accepter la délégation publique de mes droits de propriété littéraire, sur cet ouvrage, à l'effet d'accorder tous permis d'imprimer ou de vendre, de faire saisir toute contrefaçon, et enfin de distribuer* AUX INDIGENS *de vos communes ou arrondissemens respectifs, toutes sommes que vous pourriez recevoir des éditeurs.*

Osant compter, MESSIEURS, *dans cette occasion, sur le zèle et les sentimens philantropiques qui vous animent, permettez-moi de vous offrir, d'avance, l'expression de ma gratitude, et l'assurance de la haute considération avec laquelle j'ai l'honneur d'être,*

MESSIEURS,

Votre très-humble et très-obéissant serviteur,

HAPDÉ.

Paris, ce 14 mars 1820.

PRÉFACE.

Les grandes catastrophes sont le domaine de l'his-
toire ; mais ce n'est pas au moment même où elles
viennent d'avoir lieu que l'on peut espérer les transmettre avec exactitude à la postérité. Les sens sont
trop émus , les esprits trop agités ; les faits s'altèrent,
les récits se contredisent , et le désordre de la pensée
occasionne celui des détails. Tout s'accumule, tout
s'entasse ; rien n'est classé, rien n'est précis.

Cette espèce de chaos , suite naturelle d'un boule-
versement général , devient plus excusable encore,
lorsqu'il a pour motif un horrible attentat, un crime
atroce , qui couvre de deuil une nation entière , et y
répand la consternation. Ce n'est pas au milieu de la
douleur publique , ce n'est pas surtout au milieu des
larmes qu'il est possible de tracer fidèlement un tableau où figurent tant d'illustres personnages. *Lorsqu'on pleure, on voit trouble.*

Il a donc fallu laisser s'écouler quelques jours avant
d'entreprendre la tâche pénible de soulever le crêpe
funèbre qui couvrait la vérité.

Tous les journaux ont rendu compte du fatal événement dont l'Europe s'occupe aujourd'hui. Chacun
d'eux a rapporté des circonstances différentes. La
France et l'étranger n'ont donc encore qu'un précis
incomplet ou inexact de faits d'une aussi haute impor-
tance , et j'ai pensé qu'une *Relation historique* établie
sur des documens incontestables , d'après les décla-
rations de *témoins oculaires* ; j'ai cru, dis-je, qu'une
telle *Relation* , offrant *heure par heure* tout ce qui s'est
passé dans la plus effroyable des nuits , serait d'un
vif intérêt, et lue avec avidité.

Un ouvrage de cette nature m'a semblé en même

iv

temps ne devoir tourner qu'au *profit du malheur :* je
déclare en conséquence que le produit de la vente
de cette *Relation* sera employé au soulagement *des
pauvres.* Si les indigens perdent en cet excellent Prince
un soutien, un père, ah! puissent-ils trouver encore
quelque adoucissement à leurs regrets amers dans la
publication de l'épouvantable événement qui leur en-
lève un bienfaiteur !

L'exactitude des faits, unanimement reconnue aujourd'hui, *trois éditions* débitées en douze jours, me
permettant de croire que cette *Relation historique*
jouira d'un semblable succès dans nos départemens,
j'ai voulu que cette brochure y fût également vendue
au *profit de l'indigence.* Les malheureux de ces mêmes
départemens ne viennent-ils pas d'être privés, comme
ceux de la capitale, de cet illustre FILS DE FRANCE,
qui partageait indistinctement entre tous les infortu-
tunés, et sa généreuse sollicitude, et ses abondans
secours !

Note importante.

Parmi les TÉMOINS OCULAIRES qui nous ont fourni
ces tristes détails, se trouvent des *personnes attachées
depuis long-temps au Prince*, plusieurs autres *qui ne
l'ont point quitté dans ses derniers momens*, et des
*médecins qui ont prodigué à S. A. R. tous les secours
de l'art.*

RELATION HISTORIQUE,

HEURE PAR HEURE,

DES

ÉVÉNEMENS FUNÈBRES

DE LA NUIT DU 13 FÉVRIER 1820.

LE dimanche 13 février 1820, on jouait *par extraordinaire* à l'Opéra (1). Le spectacle était long. S. A. R. Madame la duchesse de Berry avait passé la veille une partie de la nuit au bal brillant de M. Greffulhe, pair de France (2). Dans l'entr'acte des *Noces de Gamache*, Monseigneur le duc de Berry croit s'apercevoir que son auguste épouse est fatiguée; il lui propose de se retirer : la Princesse accepte, et le Prince, lui donnant

---

(1) C'était le *Dimanche gras*; on donnait *le Carnaval de Venise*, *le Rossignol*, et *les Noces de Gamache*.

(2) M. le comte de Greffulhe est mort, quelques jours après, d'une inflammation de poitrine, déterminée par la nouvelle de l'événement.

la main, la conduit jusqu'à sa voiture. Il était onze heures moins deux minutes.

Madame la duchesse de Berry était accompagnée de madame la comtesse de Béthizy, l'une de ses dames, et de M. le comte de Mesnard, son premier écuyer.

M. le comte de Clermont-Lodève, en sa qualité de gentilhomme d'honneur du Prince, le suivait à quelques pas, et M. le comte César de Choiseul, aide-de-camp de service, le précédait.

Pour peindre fidèlement, aux yeux du lecteur qui n'habite point la capitale, la scène affreuse dont nous allons être le véridique historien, il est nécessaire de faire connaître la position de l'édifice, et l'endroit où cette scène sanglante a eu lieu.

L'Académie Royale de Musique est un bâtiment isolé, situé au milieu de quatre rues. L'entrée dite *des Princes* est dans la rue latérale à laquelle on a donné le nom du célèbre compositeur *Rameau*. L'équipage de Madame la duchesse de Berry venait de se placer devant cette entrée. La portière était ouverte : les gardes, sous le vestibule, et la sentinelle, en dehors, présentaient les armes. La jeune Princesse, suivie de madame de Béthizy, monte dans sa voiture ; l'un des gens de Son Altesse Royale relevait le marche-pied, et le Prince, qui avait manifesté le désir de voir le dernier acte du ballet, se trouvait encore sous l'auvent qui domine ce portique. « *Adieu, Caroline*, dit-il, *nous nous reverrons bientôt.* » Son Altesse Royale se retourne pour rentrer au spectacle : tout à coup un homme, un monstre, s'appuyant fortement d'une main sur l'épaule gauche du Prince, lui porte avec violence un coup sous le sein droit, et s'enfuit.

L'assassin s'était glissé entre M. le comte de Mesnard, M. le comte de Choiseul et le factionnaire, qui, tous trois, entouraient Son Altesse Royale, auprès de la voiture. Cet horrible attentat fut commis avec une telle dextérité, une si incroyable promptitude, que personne n'eut le temps de s'opposer à la consommation du crime.

Je suis mort ! je suis assassiné ! s'écrie le Prince. M. le comte de Choiseul, M. le comte de Clermont et la sentinelle voient le meurtrier prendre la fuite, volent sur ses traces : il se dirige vers la rue de Richelieu à gauche. On le poursuit.

Au même instant, Madame la duchesse de Berry et madame de Béthizy s'élancent de la voiture, dont la portière n'était pas même encore fermée. Monseigneur le duc de Berry, portant la main à sa blessure, y trouve le fer parricide : il le retire avec courage : le sang jaillit sur l'infortunée Princesse, qui reçoit dans ses bras son époux défaillant (1).

Tandis que l'on s'occupait à procurer au Prince tous les secours possibles ; tandis que Madame la Duchesse cherchait à étancher le sang qui coulait avec une effrayante abondance ; tandis que l'on portait son Altesse dans le salon attenant à sa loge, l'assassin gagnait de vitesse tous ceux qui, attirés par les cris, *arrête ! arrête !* se précipitaient pour l'atteindre. Un jeune homme, vis-à-vis l'arcade Colbert, aperçoit le fuyard, fond sur lui, et le prend au collet. Le factionnaire arrive le premier, un gendarme le second : le courageux inconnu leur livre ce scélérat, que bientôt la foule entoure (2) : conduit au

------

(1) Ce fer de six à sept pouces de longueur, est une lame plate et étroite, à deux tranchans, très-acérés, excessivement pointue, et ayant un manche de bois fort court, semblable à celui d'un outil.

(2) Le jeune homme qui parvint à l'arrêter s'appelle *Jean Paulmier*, né en Normandie, dans la commune de Blanville, département du Calvados, à huit lieues de Caen ; il est employé comme garçon au café Hardy, boulevard des Italiens.

corps-de-garde de l'Opéra, M. le comte de Clermont lui adresse le premier la parole, et lui dit :

« *Monstre, qui a pu te porter à commettre* » *un pareil attentat ?* — *Ce sont les plus* » *cruels ennemis de la France.* » Le comte, trompé par cette réponse, croit que le repentir va lui dicter des aveux : « *Qui donc,* » continue-t-il, *t'a payé pour te rendre cou-* » *pable d'un tel forfait ?* — *Je n'ai été payé* » *par personne,* réplique le criminel arrogamment. Un autre interrogatoire fera connaître quels sont, aux yeux de ce nouveau Ravaillac, *les plus cruels ennemis de la France !*

On le fouille ; on trouve sur lui la gaîne du poignard qu'il avait laissé dans la blessure du Prince, et un second stylet d'une forme différente, espèce de *poinçon* ou *tire-point.*

M. le comte de Clermont, que l'état de Son Altesse alarmait vivement, s'empresse de venir apprendre au Prince et à Madame

---

Le garde royal se nomme *Desbiez* ; c'est un chasseur du quatrième régiment.

Le nom du gendarme est *David*, maréchal-des-logis de la deuxième compagnie, premier escadron (*). (Les notes indiquées par des étoiles se trouvent à la fin.)

(10)

la Duchesse que l'exécrable meurtrier est sous la main de la justice.

La pâleur de son Altesse Royale inspirait les plus grandes inquiétudes.

Monseigneur le duc, madame la duchesse et Mademoiselle d'Orléans qui assistaient au spectacle, ayant été avertis de cet effroyable événement, s'étaient aussitôt rendus auprès du Prince, et cherchaient, avec le plus noble intérêt, tous les moyens de coopérer aux soins touchans que la Princesse prodiguait à son époux (1).

Déjà S. A. R. était confiée aux soins de deux hommes de l'art, MM. Blancheton et Drogart. Voici la situation du Prince à la prompte arrivée du docteur Blancheton (2).

____

(1) Monseigneur le duc d'Orléans était avec toute sa famille à l'Opéra. Pendant un entr'acte, on avait vu le duc de Berry venir visiter LL. AA. et embrasser un de leurs enfans. Cette circonstance fut remarquée par le public avec un sensible plaisir. Le parterre même applaudit.

(2) Le docteur Drogart, qui demeure en face du lieu où l'attentat fut commis, averti aussitôt par le concierge de l'Opéra et un gendarme, accourut en très-grande hâte, et le premier, explora la blessure de S. A. R. Il se disposait à pratiquer lui-même des saignées ; mais il n'avait pas encore agi, lorsque parut le docteur Blancheton, amené par M. le comte César de Choiseul.

Onze heures et un quart.

Le prince, frappé à la partie droite et supérieure de la poitrine, était assis dans un fauteuil. La face décolorée, couvert d'une sueur froide, Monseigneur le duc de Berry éprouvait une oppression toujours croissante ; on remarquait dans le pouls une extrême faiblesse et de l'irrégularité.

Dans cet état de choses, on reconnaît la nécessité d'arrêter les progrès d'un épanchement qui n'était que trop accusé par l'ensemble de ces symptômes. On tente de promptes diversions ; le docteur Blancheton opère un léger *débridement* à la plaie, vers la partie la plus *déclive*, afin de faciliter la sortie du sang épanché, et d'enlever un caillot qui s'y opposait. Le docteur Drogart pratique deux saignées au bras. MM. Lacroix et Caseneuve arrivent successivement ; le docteur Lacroix sonde la plaie.

Pendant qu'on faisait les dispositions préparatoires, Madame la Duchesse, s'adressant au docteur Blancheton, en arrière de son auguste époux, le pressait de lui dire si cette blessure était mortelle. « *J'ai du courage,* » dit l'infortunée Princesse, *j'en ai beau-* » *coup ; je saurai tout supporter ; je vous* » *demande la vérité.* »

Toutefois, le docteur craint d'émettre sans réserve son opinion ; il désire connaître aussi celle des premiers chirurgiens de la capitale, qui allaient bientôt se joindre à lui et aux hommes de l'art déjà réunis ; il laisse au contraire percer quelque espoir, et dit à S. A. R. que l'absence du sang, qui, dans les plaies graves de la poitrine, sort ordinairement par la bouche, pouvait être d'un augure favorable.

Les saignées s'effectuent ; elles ont un faible résultat. Le Prince dit : « *Je suis* » *perdu ; vos efforts sont inutiles ; le poi-* » *gnard est entré tout entier.* »

Monseigneur le duc de Berry pressent alors une fin prochaine, et veut, dans le plus bref délai, obtenir de la religion des secours plus efficaces que ceux qu'il peut attendre des hommes ; il veut aussi voir sa fille. Pendant que l'on court à l'Elysée, pour transmettre la volonté du Prince, à madame de Goutaud, gouvernante de *Mademoiselle*, M. le comte de Clermont, ce zélé serviteur, honoré depuis vingt ans de l'affection de S. A. R., vole au château. Au pied de l'escalier du pavillon Marsan, il rencontre le docteur *Bougon*, chirurgien de *Monsieur* :

» Notre bon Prince, dit-il avec la plus grande
» émotion, vient de recevoir un coup de poi-
» gnard à l'Opéra ! allez en toute diligence ;
» je viens chercher ici M. l'évêque d'Amy-
» clée (1). » Presque aussitôt M. le comte
de Mesnard arrive aux Tuileries, avec la
pénible mission d'annoncer à *Monsieur*, à
Madame et à Monseigneur le duc d'Angoulême, l'horrible attentat.

Madame et son illustre époux partent pré-
cipitamment; *Monsieur*, instruit, avec tous
les ménagemens possibles, par M. le duc de
Maillé, de la fatale catastrophe, sort à l'instant de ses appartemens pour aller auprès
de son auguste fils (2).

―――――――――――

(1) Aujourd'hui évêque de Chartres.

(2) L'empressement de S. A. R. est tel, que le
Prince ne donne pas même le temps à son premier
gentilhomme de l'accompagner. *Monsieur*, à peine
monté dans une voiture qui se trouvait au bas du
pavillon Marsan (celle de M. le comte Jules de Polignac), ordonne de fermer la portière. Cet ordre
positif et répété, malgré les vives instances de M. le
duc de Maillé, s'exécute à l'instant ; mais ce même
ordre va séparer S. A. R. de celui qui ne l'a jamais
quitté ; M. le duc de Maillé ne peut se résoudre à
laisser partir, seul, le Prince dans ce moment où un

Minuit.

M. Bougon est introduit; MM. Thérin et Baron, quelques momens après. A peine M. Bougon a-t-il pris une exacte connoissance de la nature de la plaie, que, par l'un des plus beaux élans du dévouement, il applique sa bouche sur la blessure, afin d'attirer, par la succion, le sang au dehors. Le prince le repousse : « *Que faites-vous*, dit-il, » *la blessure est peut-être empoisonnée !* » Noble sollicitude ! qu'il eût été bon Roi, celui qui, aux portes du tombeau, ne s'occupe que du danger que peut courir un Français en cherchant à lui sauver la vie !

---

pareil attentat est peut-être le signal de plusieurs autres non moins horribles ; mille dangers éminens, mille présages sinistres s'offrent à son esprit. Il conçoit l'idée , idée qu'un semblable motif rend sublime, de s'élancer derrière la voiture , et de s'y placer au milieu des valets de pied !..... trait unique sans doute , et qui n'est pas moins honorable pour le gentilhomme qui l'a fait , que pour le Prince qui sut l'inspirer.

Un journal, en rapportant cette belle action, a dit que M. le duc de Maillé était âgé de *soixante ans.* Cette assertion est inexacte. On sait que M. le duc de Maillé est à peine dans sa cinquantième année.

M. Bougon substitue à ce moyen des ventouses, produites par la combustion de l'éther; et, à l'aide du vide qu'elles occasionnent, on obtient quelques onces de sang qui paraissent seconder l'effet des autres diversions. Monseigneur le duc de Berry profite de cet allégement pour s'entretenir avec Son Eminence Monseigneur l'Evêque de Chartres.

D'heure en heure l'affluence augmente à l'Opéra. Ce jour, ou plutôt cette nuit, étoit consacrée à de brillantes réunions; ici se trouvaient des ambassadeurs, là des officiers généraux, de grands fonctionnaires, des personnes attachées à la Cour. M. le maréchal duc d'Albuféra donnait un bal magnifique; et ce fut chez lui, surtout, que le récit de l'événement parvint avec célérité. Mme la duchesse de Reggio embellissoit cette fête, qui fut bientôt interrompue par son départ précipité, par celui de plusieurs personnes de marque, et, principalement, par la consternation que l'événement jeta dans cette nombreuse assemblée.

En très-peu d'instans le foyer et les corridors de l'Académie Royale de Musique se remplissent de tout ce que Paris possède de plus opulent et de plus distingué. On se pressoit auprès du lieu où expiroit lentement le malheureux Prince. La crainte, l'espoir qui s'échappaient tour à tour du *salon de douleur*, se communiquaient, d'un bout à l'autre du vaste édifice, avec une inconcevable vitesse ; on eût dit l'étincelle électrique ; tous les cœurs ressentaient à la fois la même commotion.

Madame, Monseigneur le duc d'Angoulême et *Monsieur* arrivent presqu'en même temps. S. A. R. le duc d'Angoulême s'élance vers son auguste frère, et le tient étroitement embrassé. Dans l'excès de son affliction, il baise la plaie saignante........! Chacun frémit à l'aspect du danger auquel S. A. R. s'expose. *Madame* apporte des consolations au Prince et à la malheureuse Princesse. *Monsieur*, dont le cœur est navré, ne prononce d'abord aucunes paroles ; ses gestes, ses larmes, sont les trop fidèles interprètes de ses paternelles douleurs.

Monseigneur le duc de Bourbon, M. le duc de Richelieu, M. le vicomte de Châteaubriand, tous les ministres, une foule d'autres grands personnages viennent mêler leurs pleurs à ceux de la famille royale et des personnes de sa maison. M. Blancheton fait observer que le local est trop peu spacieux ; il propose de transporter S. A. R. dans la salle d'administration de l'Opéra ; un *lit de sangle* est dressé à la hâte (1).

M. le comte de Pradel, MM. Grandsire, secrétaire général, Viotti, frère du directeur de l'Opéra, à Londres en ce moment, mettent tout en usage pour procurer au Prince les soulagemens que réclamait sa déplorable situation (**).

Le duc de Berry étendu sur le lit, on a recours à de nouvelles saignées ; mais, cette

______

(1) Le destin a par fois des jeux cruellement bizarres ; le *coucher* sur lequel Son Altesse Royale a été placée est le même sur lequel elle reposa à l'époque de son arrivée en France. M. Grandsire habitait alors Cherbourg, où il remplissait les fonctions de garde-magasin de la marine, et fut le premier Français que le Prince embrassa au moment de son débarquement. M. le Préfet n'ayant point eu le temps de se procurer tout le mobilier nécessaire pour recevoir Son Altesse Royale et sa suite, invita M. Grandsire à lui prêter divers objets qu'il venait de recevoir de la capitale, et entre autres choses, un lit neuf et complet. M. Grandsire, aujourd'hui secrétaire général de l'Opéra, avait fait transporter ce lit à Paris avec ses autres meubles : le sort a voulu que M. Grandsire, qui loge à l'Opéra, prêtât les mêmes matelas pour le Prince, et que le Prince y rendît le dernier soupir.

2

fois, aux pieds; elles donnent également peu de sang; néanmoins leur résultat n'est pas entièrement négatif; elles contribuent encore à diminuer l'étouffement du Prince.

Une heure du matin.

Le célèbre Dupuytren est annoncé; M. le duc de Maillé avait été, lui-même, le chercher. M. Dupuytren trouve la blessure extrêmement dangereuse.

Après une conférence qui a lieu dans une pièce voisine, entre tous les hommes de l'art appelés en cette funeste circonstance, il est décidé que l'on fera de nouvelles diversions par des frictions ammoniacées et des sinapismes. Les médecins rentrent dans le salon.

M. Dupuytren ne cache point à *Monsieur* qu'il n'existe plus qu'un seul moyen (moyen dont il ne peut garantir le succès); il propose de *débrider* encore la plaie, c'est-à-dire, de l'élargir, pour donner au sang une plus prompte issue. *Monsieur* répond, dans l'excès de sa douleur : « Je me fie à votre zèle » et à vos talens. *Et à nos cœurs*, ajoute » M. Dupuytren. » Le Prince continuant : « C'est un fils qui m'est bien cher, je l'aban» donne à vos soins. »

Ce second débridement est beaucoup plus profond que le premier, opéré par le docteur Blancheton. M. Dupuytren introduit dans la blessure une mèche propre à favoriser la sortie du sang épanché.

MM. Dubois et Roux entrent en ce moment : ils assistent à cette douloureuse opération.

Le malheureux Prince, trop bien convaincu lui-même de son incurable état, répète plusieurs fois à M. Dupuytren, en éprouvant avec un calme héroïque des souffrances inouïes : « *Je suis bien touché de vos efforts;* » *mais ils sont superflus : ma blessure est mortelle.* »

L'appareil, cependant, est bientôt inondé : le pouls et les forces de Son Altesse Royale semblent se relever un peu. La respiration est moins gênée; Monseigneur le duc de Berry parle avec plus de facilité; mais ces douces espérances s'évanouissent bientôt : le mal étoit au-dessus de toutes les ressources humaines.

Déjà le Prince avoit demandé qu'on suppliât S. M. de se rendre auprès de lui : le Roi n'arrive pas, disait-il sans cesse, *je n'aurai pas le temps de solliciter la grâce de* L'Homme *qui m'a frappé!...*

Le désespoir de Madame la Duchesse s'augmentoit à mesure qu'elle voyoit s'affoiblir l'organe de son époux; le Prince, la regardant avec attendrissement, la conjure de se ménager *pour l'enfant qu'elle portait dans son sein.*

Cette circonstance n'étoit encore que soupçonnée ; elle fait une impression bien vive sur tous ceux qui se trouvaient dans ce lieu d'angoisses et de désolation.

Quel tableau !.... et comment le peindre ! Un fils de France, l'espoir de la patrie, une race, une postérité de Rois tout entière, expirant dans un seul être ! un fils de France assassiné sous les yeux de son auguste épouse, et sous ses yeux, descendant par degrés dans la tombe ! cette épouse, une princesse éplorée, les cheveux épars, son enfant dans les bras, et ses vêtemens encore ensanglantés !.... un père, le premier héritier du trône, et dont l'âme paternelle est brisée, les yeux baignés de larmes, et fixés sur un lit de douleur où déjà la mort promène sa faux !.... un frère, prince brave, magnanime, invoque à genoux l'Eternel au pied de ce lit funèbre !.. La fille du Roi martyr, toujours plus grande que les revers qui l'accablent, déploie dans cette terrible catastrophe, et son héroïque énergie, et toutes les ressources d'une piété courageuse! Nuit à jamais mémorable! Des ministres de la religion, des ministres de l'Etat, des maréchaux, des hommes de l'art, des hommes de cour, des hommes du peuple (1); plus d'étiquette, plus de gardes; tous les rangs confondus par une commune douleur; un morne silence qu'interrompaient seules ces paroles dignes d'un fils du grand Henri : « *Qu'il est cruel pour moi de mourir de la main d'un Français!* » Puis se retournant vers S. Ex. le marquis de Latour-Maubourg, le duc de Reggio, et quelques autres grands capitaines : « *Pourquoi n'ai-je pas trouvé la mort dans les combats au milieu de vous!...* »

O Girodet! ô Guérin! et vous tous, artistes fameux, dont la France s'honore, saisissez vos pinceaux!....

Deux heures.

Une nouvelle consultation est jugée nécessaire : MM. Dubois, Dupuytren, Roux,

---

(1) Nous entendons par *hommes du peuple*, dans cette faible esquisse, des ouvriers et autres salariés de l'Opéra, qui allaient et venaient pour apporter tout ce dont on avait besoin, et qui se firent remarquer par leur zèle et leurs larmes.

Bougon, Blancheton, Baron et Thérin, se réunissent à cet effet. MM. Lacroix, Drogart et Caseneuve restent auprès de Son Altesse Royale : un premier bulletin avoit été envoyé au Roi vers minuit; un second est rédigé pour Sa Majesté. Les médecins reconnoissent que l'état de Son Altesse Royale n'est plus susceptible d'amélioration; cependant ils déclarent qu'un troisième bulletin succédera à celui-ci, dès que la situation du Prince l'exigera.

Monseigneur le duc de Berry, qui recevait tant de témoignages de tendresse et d'amour de l'infortunée Princesse, avait encore une autre preuve, la plus forte peut-être, à obtenir de son cœur; il lui demande la permission de voir deux jeunes enfans nés en Angleterre, auxquels on sait que le Prince prenoit un bien vif intérêt..... « *Où sont-ils ?* s'écrie cette sensible et bonne Princesse; *je serai leur mère !* » On introduit quelques momens après ces deux innocentes et timides créatures (1); c'est la Princesse elle-même qui les prend par la main, dès qu'elles paraissent; c'est elle qui les fait

____

(1) Deux charmantes petites filles de huit à dix ans, environ.

approcher du lit de leur illustre protecteur;
c'est elle-même qui exige qu'elles embrassent
MADEMOISELLE ! puis aussi haut que les
larmes qui la suffoquent peuvent le lui per-
mettre : *Charles ! Charles ! répète-t-elle, j'ai
trois enfans à présent !*

Les deux petites filles se mettent à genoux;
des pleurs inondent leur visage : « *Soyez
» toujours fidèles à la vertu*, leur dit le
» Prince. » Il leur adresse ensuite quelques
mots en anglais; mais il éprouve de si vives
souffrances qu'on éloigne les deux enfans.

Trois heures.

Le Prince ne cessait de demander à voir
le Roi, pour obtenir de sa bonté la grâce de
celui qui venait de frapper l'arbre royal dans
sa tige la plus féconde. Monseigneur le duc
de Berry, présumant qu'il sera privé de
cette consolation, tourne de nouveau toutes
ses pensées vers la religion. L'*évêque*, dit
S. A. R., *l'évêque.* M. de Latil s'approche.
Le Prince, après avoir écouté les paroles
fortifiantes de ce respectable prélat, con-
fesse à haute voix, en présence de sa famille
et de tous les assistans, les fautes dont il se
croit coupable : il fait cette confession avec

une résignation exemplaire ; il pardonne à son meurtrier ; il demande pardon à Dieu de ses offenses, et aux hommes, de celles de ses actions qui auraient pu les scandaliser. Hélas ! si dans l'âge d'une bouillante jeunesse il commit quelques fautes, le Ciel peut-il encore l'en punir dans un autre monde ! ne les a-t-il point cruellement expiées avant de quitter celui-ci ! Toutefois cette crainte seule l'agitait et occupait son esprit : « *Pensez-vous, ô mon frère*, en s'adressant à » Monseigneur le duc d'Angoulême, *que le* » *Ciel me pardonnera mes erreurs ! — Com-* » *ment le Tout-Puissant vous priverait-il de* » *sa miséricorde*, répond S. A. R. en levant » les mains vers la Divinité, *puisqu'il fait de* » *vous un martyr ?* »

M. le curé de Saint-Roch, que M. le comte de Clermont avait été chercher, administre à Monseigneur le duc de Berry les secours de l'Eglise. Ici l'on s'incline, là on s'agenouille ; le plus grand recueillement, les plus ferventes prières président à cette céleste cérémonie qui ouvre toutes les voies de réconciliation entre l'Etre suprême et le pécheur. « *Ah !* s'écrie Madame la Duchesse, » *je savais bien que cette belle âme était née* » *pour le Ciel, et qu'elle y retournerait.* »

Un tableau non moins touchant succède à ce dernier, celui où le véritable descendant de saint Louis veut bénir sa fille. Madame la Duchesse la lui présente; tout le monde essuie ses larmes, et cherche à étouffer ses sanglots pour ne rien perdre de cette scène patriarcale. Le Prince lève avec beaucoup de peine ses mains défaillantes sur la tête de MADEMOISELLE : « *Pauvre enfant ! dit-il,* » *je souhaite que tu sois moins malheureuse* » *que ceux de ma famille !......* »

Tandis que tout cela se passait, l'assassin, conduit dans l'un des bureaux de l'administration de l'Opéra, subissait un interrogatoire, non loin de son auguste victime. Cet interrogatoire eut lieu dans les formes légales; l'assassin fut questionné par LL. Exc. le comte Decazes, le comte Anglès, et par M. Jacquinot-Pampelune, en présence de S. E. le baron Pasquier et de M. Bellart.

Voici le précis de cet interrogatoire, extrait du *Journal des Débats* :

Demande. Qui vous a porté au crime que vous venez de commettre ?

Réponse. Mes opinions, mes sentimens.

D. Quels sont ces opinions, ces sentimens ?

R. Mes opinions sont que les Bourbons

sont des tyrans, et *les plus cruels ennemis de la France.*

D. Pourquoi, dans cette supposition, vous êtes-vous attaqué de préférence à Monseigneur le duc de Berry ?

R. Parce que c'est le plus jeune de la famille royale, et celui qui semble destiné à perpétuer cette race ennemie de la France.

D. Avez-vous quelque repentir de votre action ?

R. Aucun.

D. Avez-vous quelque instigateur, quelque complice ?

R. Aucun (1).

____

(1) Après cet interrogatoire, auquel assista aussi M. le baron Lainé, lieutenant-colonel de la gendarmerie, l'assassin fut confié à cet officier supérieur, et conduit dans la voiture même de M. le Préfet de police, sur l'ordre de S. E., à l'hôtel de M. le comte Decazes; M. le capitaine Volff, qui commandait le détachement de service à l'Opéra, monta, avec l'assasin, dans la voiture. M. le baron Lainé donna ordre à l'escorte, de charger ses armes. Vers trois heures trois quarts du matin, le lieutenant-colonel Lainé remit *Louvel* entre les mains des officiers de paix de service, et se retira avec ses gendarmes. *Louvel* resta jusqu'à huit heures du soir chez le ministre de l'intérieur, et on le transféra de là à la Conciergerie.

Quatre heures.

Toute l'attention des médecins se porte vers les moyens de calmer de vives douleurs nerveuses, qui se manifestent tout-à-coup chez le Prince à l'épigastre et au cerveau. L'on ordonne les anti-spasmodiques. Mais en même temps ces sinistres symptômes provoquent une troisième conférence et la rédaction du dernier bulletin. Ce bulletin commençant par ces mots : « Le Prince touche à ses der- » niers momens, » est remis à S. E. le comte Decazes, qui avait porté les deux précédens à Sa Majesté. S. Exc. part sur-le-champ.

Une soif continuelle, et que l'on apaisait un peu avec de l'orangeade, s'accroît en même temps que les angoisses : « *Je souffre* » *horriblement !* répétoit Monseigneur le duc » de Berry; *ah! que la mort arrive lente-* » *ment!...* » Ces exclamations étaient déchi- rantes pour tout le monde; mais elles ve- naient encore accabler la Princesse, S. A. R. *Monsieur*, et l'auguste famille. Au bout d'un assez long silence : « *Chère Caroline*, dit-il » en cherchant la main de Madame la Du- » chesse, assise et gémissant près de lui, *le* » 13 *est une date bien fatale pour nous.* » Infortunée Princesse ! quels nouveaux sujets de désolation ! quelles époques constamment funestes (1) !

Le Prince, auquel on déguisoit vainement sa situation, demande M. le comte de Nantouillet, qui, depuis trente ans, est le premier officier de sa maison. En le voyant, cet excellent Prince s'exprime en ces termes : « *Venez, mon vieil ami, je veux vous embrasser avant de mourir.* » M. de Nantouillet ne peut répondre qu'en se jetant aux pieds du Prince, et en les arrosant de ses larmes.

S. A. R., après avoir fait aussi les plus touchans adieux à M. le comte de Clermont, son gentilhomme d'honneur, et à ses aides-de-camp, MM. de Bauffremont, de Choiseul, de Coigny et de Chabot, laisse connaître ses généreuses intentions envers les personnes qui étoient attachées à son service. Il les recommande toutes à son illustre père.

---

(1) C'est le 13 juillet 1817 que madame la duchesse de Berry est accouchée d'une fille, qui n'a point vécu. C'est le 13 septembre 1818 qu'elle a fait un fausse-couche d'un garçon qui a existé deux heures. C'est le 13 février 1820 qu'un assassin lui ravit un époux.

Cinq heures.

On annonce le Roi.

A la vue du Monarque, Monseigneur le duc de Berry semble retrouver quelques forces : tel est le premier usage que ce Prince magnanime en fait : « *Grâce, Sire*, dit » S. A. R. d'une voix déjà presqu'éteinte, » *grâce pour l'homme qui m'a frappé !* » Voilà ses *propres expressions.* C'est toujours ainsi qu'il eut l'admirable générosité de nommer son assassin : «*Je vous en conjure,* » *Sire, grâce au moins de la vie pour* » *l'homme........* »

« *Mon oncle*, ajoute S. A. R. Mgr le duc » d'Angoulême, *veuillez accéder à sa prière;* » *ce désir le tourmente depuis plus de deux* » *heures.* » Le duc de Berry continuant ; » *Sire, je mourrai en paix.* »

S. M. répond avec la plus profonde affliction : «*Mon fils, vous vous rétablirez, nous* » *en reparlerons; ne songeons qu'à vous.* »

Quelles paroles viennent frapper l'oreille du Monarque! entendre parler de *clémence* après un semblable forfait! Ah! plutôt, dut-il être surpris ? c'était un langage de famille!

Les douleurs augmentent; le Prince parle

plus rarement; on partageait ses souffrances sans pouvoir les adoucir. « *J'ai interrompu* » *votre sommeil, mon oncle,* » dit-il au Roi.

Le nom de *Caroline* était celui qu'il prononçait toujours : *Mon cher Charles ! mon cher Charles !* répondait la Princesse, de l'accent le plus tendre, et ses pleurs coulaient encore.

Six heures.

Les médecins qui voyaient à chaque minute s'approcher le moment fatal, pressaient avec les plus vives instances Sa Majesté de s'éloigner. « *Je ne crains pas le spectacle de* » *la mort,* répondit le Roi; *j'ai un dernier* » *soin à donner à mon fils !* »

Les sanglots, les marques du plus affreux désespoir redoublaient dans cette triste enceinte, et l'état de Madame la Duchesse ne pourrait ni se peindre, ni se décrire.

Sous le prétexte de laisser un peu de repos au Prince, on l'invite à passer avec *Madame* dans une pièce voisine ; l'infortunée Princesse s'y refuse.

On s'aperçoit que le prince va rendre le dernier soupir. A un signe du Roi, Madame la Duchesse qui résiste à toutes les prières, est entraînée par les dames de sa maison :

bientôt, malgré leurs généreux efforts, elle revient vers son époux.

Le Roi, avec la plus vive émotion, la remet entre les mains de l'illustre *Orpheline du Temple*. Que dis-je! de l'ange de consolation !..... Dans les bras de MADAME, son courage se ranime; son cœur est déchiré, mais ses larmes s'arrêtent. L'héroïsme aussi a donc un contact!

La Princesse jette encore un regard vers l'auguste victime, puis obéit à l'ordre de Sa Majesté, avec cette noble et courageuse résignation qui appartient à la fille d'un souverain.

C'est alors que Madame la duchesse d'Angoulême, passant avec S. A. R. au pied du lit de souffrances, s'arrête, et d'une voix assurée, adresse au duc de Berry ces paroles, qui produisent sur l'auditoire une grande sensation : *Courage, mon frère! mais si l'Eternel vous appelle à lui, dites à mon père qu'il prie pour la France et pour nous.*

L'étouffement avait fait des progrès sensibles, les intermittences du pouls se prolongeaient; le Prince laisse comprendre qu'il veut parler encore. Le docteur Blancheton le soulève un peu. S. A. R. cherche à joindre ses mains ; elle veut les élever vers le Ciel, et prononce ces mots qui furent les derniers : *O France !.... malheureuse patrie !....* Monseigneur le duc de Berry tombe alors dans un état complet d'agonie.

L'absence de presque tous les signes extérieurs de la vie détermine M. Dupuytren à s'assurer si le Prince respire encore. Il place devant la bouche de S. A. R. la tabatière du Roi. Cette épreuve ne paraît pas suffisante ; un miroir est apporté. Au moment où le docteur Blancheton va en faire usage, la voix et l'aspect de la Princesse l'arrêtent ; aussitôt il soustrait à ses yeux ce miroir.

Madame la duchesse de Berry, qu'on veut en vain retenir plus long-temps dans la pièce contiguë, est attirée par une inspiration soudaine, effet sans doute de cette inexplicable sympathie des âmes unies par le Ciel ; elle repousse tout ce qui l'entoure. *« Laissez-moi ! laissez-moi !* s'écrie-t-elle, *je veux le voir, il est à moi ! Laissez-moi ! je l'ordonne !...* En un instant, elle a franchi l'espace ; elle s'est fait un passage, et se précipite à genoux contre le lit du Prince, saisit une de ses mains : Grand Dieu ! cette main, cette main est *froide !!! Ah ! Charles n'est plus !!!* dit-elle, poussant un cri terrible. Dans le délire du désespoir, elle baise mille fois, elle arrose de ses larmes cette main inanimée. On cherchait à arracher Madame la Duchesse à cette affreuse position; le Roi lui-même la pressoit de s'éloigner, quant tout à coup elle se relève debout, les bras roides et tendus vers le Ciel, les mains tremblantes, les yeux égarés; la Princesse, oubliant dans son trouble extrême que les destinées de la France reposent peut-être dans ses entrailles, que peut-être un Bourbon est déjà dans son sein : « *Sire,* s'écrie-t-elle, *hé bien oui, je suis* » *Votre Majesté; mais je lui demande, en* » *grâce, la permission de me retirer, à l'ins-* » *tant, avec ma fille auprès de mon père.* » Puis elle tombe aux pieds du Roi. Tant de douleurs, tant de secousses, tant de larmes, avaient enfin épuisé ses forces; MM. Bougon et Baron conduisent, ou plutôt portent l'auguste veuve jusqu'à sa voiture.

Le Roi, prenant alors le bras de **M.** Dupuytren, s'approche du lit, ferme les paupières de **S. A. R.**, et lui adresse un dernier adieu. Ce fut le signal de nouveaux sanglots et d'une désolation qui bientôt franchit l'enceinte et se communiqua jusqu'à l'extérieur : là, une foule immense avait passé la nuit entière sous les fenêtres d'un édifice où le plus noir, le plus effroyable attentat venait de transformer le temple des Muses en un séjour de désespoir et de mort (1).

Charles-Ferdinand, duc de Berry, né le 24 janvier 1778, expira le 14 février 1820, à six heures 35 minutes du matin. On peut écrire sur sa tombe : « Il est mort en chrétien, en Français, en *Bourbon;* il a pardonné. »

L'auguste veuve partit pour son palais avec *Mademoiselle*, accompagnée de MADAME et de Monseigneur le duc d'Angoulême, de madame la duchesse et de Mademoiselle

---

(1) J'ai déjà parlé de cet incroyable mélange de personnes que la douleur et les secours divers avaient réunies dans la trop fameuse salle de l'administration de l'Opéra; je ne dois pas omettre de citer une femme, qu'on vit, la nuit entière, à genoux, auprès de la cheminée, faisant chauffer les compresses que l'on appliquoit sur la plaie du Prince, et tous les médicamens. Cette femme, bien plus pourvue de zèle que de fortune, étoit l'*ouvreuse de loge de S. A. R.* Pour se peindre le trouble des esprits, l'accablement général, et pour savoir jusqu'à quel point l'étiquette, surtout, perdit ses droits, après que le Roi eut fermé les paupières de l'illustre victime, il suffira de ce fait: C'est cette brave et recommandable femme qui, au moment du départ du Monarque, remit elle-même *le chapeau du Roi* à S. M. : il n'est pas de petits détails dans les grands événemens.

d'Orléans ; de madame la duchesse de Reggio ; de mesdames les comtesses de Béthizy,
de Gontaud, et de M. le comte de Mesnard.

Le Roi retourna aux Tuileries.

Monsieur suivit immédiatement la Princesse. M. le duc de Polignac, M. le comte
d'Escars et M. le duc de Maillé, premier
gentilhomme, étaient dans la voiture du
Prince.

LL. AA. RR. restèrent une demi-heure au
palais de l'Elysée auprès de la Princesse.

Le corps de feu Monseigneur le duc de
Berry fut transporté à 7 heures du matin au
Louvre, dans la même voiture qui, la veille,
avait amené Son Altesse Royale à l'Opéra.

M. le comte de Nantouillet, M. le comte
de Clermont - Lodève, fondant en larmes,
MM. Lacroix et Fournier, accompagnèrent
sa dépouille mortelle.

Des gardes du Roi escortèrent la voiture
funèbre.

M. le comte de Pradel et M. le marquis
de Dreux-Brezé, qui précédèrent le triste
cortége, transmirent à M. le marquis d'Autichamp, gouverneur du Louvre, l'ordre de
Sa Majesté. M. le gouverneur faisant observer
que rien n'était préparé dans les vastes galeries
de ce palais pour y recevoir les restes inanimés

du Prince, offrit ses appartemens. Le corps fut donc provisoirement déposé au milieu de l'un des salons de M. le lieutenant général d'Autichamp, le Nestor des armées vendéennes (***).

C'est au Louvre aussi que *Henri IV* fut conduit, après qu'on l'eut assassiné, rue de la Féronnerie.

Il est difficile de se faire une idée des preuves de dévouement données à la personne du Prince pendant cette épouvantable nuit. Les efforts des hommes de l'art furent incroyables ; le zèle des dames, des officiers et des gens de la maison du Prince, sans égal. Toutes les personnes attachées à l'Opéra, rivalisèrent de prévenances et d'activité. Ah ! si les connaissances médicales, si l'attachement, si les soins, si les larmes, si le désespoir suffisaient pour arracher un bon Prince au trépas, BERRY vivrait encore !

Arrivée à l'Elysée-Bourbon, la malheureuse Princesse voulut se rendre dans l'appartement du Prince. Une glace vient à lui montrer le désordre de sa belle chevelure : « *Voilà*, s'écrie-t-elle, *les cheveux que ce « pauvre Charles aimait tant !* » Aussitôt elle prend, dans un nécessaire, une paire de ciseaux, et les coupe elle-même. L'instant

où elle saisit ces ciseaux inspira beaucoup
d'effroi aux personnes qui l'entouraient ; on
suivait ses moindres mouvemens. Madame
la Duchesse remet ses longs cheveux à madame la comtesse de Gontaud, et prononce
ces mots : « *Prenez-les ; un jour vous les don-*
» *nerez à ma fille , en lui disant que sa mère*
» *les coupa le jour où son père a péri.* »

Un moment après, la Princesse aperçoit
les cheveux qui ornaient encore son front;
elle les coupe aussi : « *Donnez ceux-là,*
» ajoute-t-elle, *aux dames de ma maison;*
» *qu'en les voyant, elles se rappellent mon*
» *malheur.* »

Bientôt S. A. R. sent qu'elle ne peut rester
dans un lieu qui lui retrace tant de souve-
nirs : « *Non*, dit l'infortunée Duchesse, *je*
» *n'habiterai pas plus long-temps un séjour*
» *où je fus si heureuse ! Je veux aller à*
» *Saint-Cloud.* »

On représente à Madame la Duchesse que
les préparatifs nécessaires pour la recevoir
doivent indispensablement se prolonger jusqu'à l'après-midi; alors elle se décide à passer dans son propre appartement. Ses yeux
se portaient sur de petits tableaux que le
Prince aimait beaucoup; elle les ôtait, les
replaçait, allait et venait sans motifs, re-

gardait, et ne voyait point ; ses ordres, ses paroles étaient sans suite : des soupirs continuels, et pas une seule larme ; elle restait long-temps immobile devant le berceau de *Mademoiselle*, le seul être qui ne souffrait point dans ce palais ! Cette espèce d'égarement alarmait tous ceux qui se trouvaient auprès de la Princesse : on craignait une aliénation mentale ; une grande abondance de pleurs soulagèrent enfin cette âme généreuse, sensible, et que tant d'infortunes venaient de déchirer dans cette affreuse nuit.

LL. AA. madame la duchesse et Mademoiselle d'Orléans ne quittèrent point un moment l'auguste veuve ; leurs soins assidus furent au-dessus de tous les éloges.

Madame la Duchesse reçut dans la matinée les visites de condoléance de *Madame* et de tous les Princes de la Famille Royale.

A sept heures du soir, *Madame* arriva, et emmena la Princesse, qui partit pour Saint-Cloud, accompagnée de M. le duc de Levis, de M. le comte de Mesnard, de mesdames la duchesse de Reggio, et comtesses de Gontaud et de Lauriston : madame de Béthizy, gravement indisposée, ne suivit point S. A. R.

Ce récit ne peut être terminé sans parler

du tableau déchirant qu'offroit l'intérieur du palais de l'Elysée ; des larmes, une consternation générale faisoient assez connaître combien ce bon Prince était adoré de tout ce qui l'entourait. Eh ! comment ne l'aurait-il pas été, celui dont nous allons rappeler quelques-uns de ces traits qui caractérisent si bien la bonté, la grandeur d'âme et la bravoure !

Le Prince passa plusieurs années à Londres, d'où il faisait de fréquens voyages à Hartwel. Enfin il eut le bonheur de toucher la terre natale en 1814. Il débarqua à Cherbourg le 13 avril (1), et en posant le pied sur le sol de la patrie, il s'écria : « Je te revois, *chère France !* mon cœur est plein des plus doux sentimens ; nous n'apportons que l'oubli du passé, la paix et le désir du bonheur des Français. » Sur la route de Cherbourg à Bayeux, il recueillit les plus touchans témoignages de l'amour des peuples. Heureux de leurs transports, il ne pouvait répondre à

---

(1) Encore un rapprochement étrange ; il fut assassiné cinq ans et dix mois après ce débarquement, le *treize* février.

leurs acclamations que par ces mots : *Vivent les bons Normands !*

— Une des personnes qui lui furent alors présentées, et qui avoit autrefois servi sous ses ordres, s'étant approchée du Prince en disant : Serai-je assez heureux, Monseigneur, pour être reconnu de Votre Altesse Royale ?—Si je vous reconnois, mon cher S.... lui répondit le Prince en s'approchant de lui, et écartant ses cheveux, ne portez-vous pas sur le front la cicatrice d'une blessure honorable que vous avez reçue à la bataille de....?

— Aux environs de Saint-Lo, quelqu'un conseilloit au Prince de prendre une route détournée pour éviter la rencontre d'un régiment de cavalerie qui avait refusé de reconnoître l'autorité du Roi : « En me jetant » au milieu des Français, répond S. A. R., je » puis peut-être trouver quelques ennemis ; » mais je n'y trouverai jamais un assassin ! » Et il marche droit au régiment : « Braves soldats, leur dit-il, je suis le duc de Berry. Vous êtes le premier régiment français que je rencontre ; je suis heureux de me trouver au milieu de vous. Je viens au nom du Roi mon oncle, recevoir votre serment de fidélité. Jurons ensemble, et crions *vive le Roi !* » Les soldats répondent à cet appel. Une seule

voix fait entendre le cri de *vive l'Empereur !*
« Ce n'est rien, dit S. A. R., c'est le reste
d'une vieille habitude ; répétons encore une
fois *vive le Roi !* » et alors il y eut unanimité.

— Le duc de Berry signala son arrivée à
Caen en faisant mettre en liberté plusieurs
prisonniers détenus, depuis deux ans, pour
une prétendue révolte occasionnée par la
disette. Arrivé aux Tuileries, il courut se
jeter dans les bras de son auguste père, et se
retournant vers les maréchaux qui étaient
présens : « Permettez que je vous embrasse
» aussi, leur dit-il, et que je vous fasse par-
» tager tous mes sentimens. »

— Dès son retour à Paris, il chercha à
gagner les cœurs des militaires. Il visitait
les casernes, se mêlait avec les soldats, con-
versait avec leurs chefs, et laissa, en diverses
circonstances, échapper des mots heureux,
publiés alors dans tous les journaux. Un jour
il disait au général Maison : « Nous com-
mençons à nous connoître ; quand nous
aurons fait ensemble quelques campagnes,
nous nous connaîtrons mieux.»

— A Fontainebleau, il passait la revue
d'un régiment de la vieille garde, dont quelques soldats témoignaient avec franchise,
en sa présence, un peu de regret de ne plus

combattre sous Buonaparte. « Que faisait-il
donc de si merveilleux ! leur dit S. A. R.
— Il nous menait à la victoire , répondent
les soldats. — Cela était bien difficile, réplique le Prince, avec des hommes tels que
vous ! »

— Un militaire blessé à la bataille de
Mont-Saint-Jean, a rapporté que M. le duc
de Berry l'avait pansé *lui-même*, et qu'en-
veloppant sa main d'un mouchoir, S. A. R.
s'était exprimée ainsi : « Va, mon ami,
» rentre dans ta patrie, et dis à tes cama-
» rades que c'est le duc de Berry qui a mis
» le premier appareil sur ta blessure. » Ce
brave soldat préférerait la mort, disait-il ces
jours derniers, à la perte de ce mouchoir.

— Une superbe galerie de tableaux venait
d'être mise en vente à Anvers ; le consul de
France eut l'honneur d'en avertir Monseigneur le duc de Berry. Ce Prince lui répondit
d'abord qu'il le chargeait de choisir lui-même
ce qui lui paroîtrait mériter son attention ;
le consul s'en excusa, et lui demanda une
personne de confiance pour faire un choix.
Quelque temps après, Son Altesse Royale
lui fit cette réponse : « Mon cher M. Des-
palières, j'ai réfléchi à votre proposition,
et j'ajourne l'emplette ; dans un temps où

mes pauvres appellent toute ma sollicitude, je me reprocherais d'acheter si cher un plaisir dont je puis me passer. »

— Il n'était pas de soins ni de prévenances que n'eût le malheureux Prince pour son auguste épouse, dont il savait si bien apprécier toutes les rares qualités, et qu'il chérissait tendrement. Le palais de LL. AA. RR. offrait chaque jour une foule de preuves de leur étroite union : nous citerons ce trait entre mille.

On sait que Mgr le duc de Berry dessinait parfaitement, et qu'il étoit grand amateur de peinture ; il décida Madame la Duchesse, dont la main habile traçait aussi les plus agréables paysages, à quitter le crayon pour le pinceau : le Prince guidait lui-même les premiers pas de S. A. R. dans cet art difficile ; et, pour doubler l'émulation de sa chère élève, il passait des matinées entières à dessiner auprès d'elle.

— Chaque jour était marqué par de nouveaux bienfaits. Chaque genre de malheur trouvait sa consolation auprès du duc de Berry. Que d'aumônes il a versées dans le sein des pauvres ! Que de malheureux serviteurs du Roi il a soulagés ! Les établissemens publics de bienfaisance s'honoraient d'être placés sous sa protection. Les hospices lui devaient des secours, les sociétés philantropiques des encouragemens. Aucune bonne œuvre ne s'est faite à Paris depuis quatre ans que Monseigneur le duc de Berry n'y ait pris part. Les malheurs publics, les disettes, les incendies, tous ces grands fléaux que la Providence semble avoir multipliés dans les derniers temps pour exercer la charité des grands de la terre, l'ont trouvé digne de lui-même. Partout il a prodigué le fruit de cette sage économie qu'il avait su mettre dans sa maison : cette économie était admirable ! il a su l'inspirer même aux gens de sa maison.

On sait qu'il existe depuis quelque temps, à Paris, une *caisse d'épargne* pour les artisans et les domestiques ; S. A. R., afin d'engager ses serviteurs à y placer le fruit de leurs économies, *doublait*, de sa cassette, la somme que chacun d'eux versait par mois dans cette caisse : ainsi donc, tel qui ne pouvait épargner que 12 francs, se trouvait en avoir 24 à la masse ; et ainsi de suite, progressivement.

— M. de Provenchère, qui avait coopéré à l'éducation du Prince, sur la terre d'exil, s'était retiré aux Etats-Unis en 1814. Lorsque Mgr le duc de Berry forma sa maison, il voulut appeler près de sa personne , cet ancien serviteur, et lui fit écrire de repasser en France. M. de Provenchère, en adressant au Prince l'expression de sa vive reconnaissance, s'excusa sur son grand âge et ses infirmités, qui ne lui permettaient plus, ni de remplir aucune fonction, ni de traverser les mers. S. A. R. lui répondit sur-le-champ en ces termes, et *de sa main :* « Mon bon » Provenchère, la place que je vous desti» nais avait été créée exprès pour vous ; » c'était celle de *trésorier de ma cassette par» ticulière.* Cet emploi vous aurait occupé une » heure par jour tout au plus. Puisque vous êtes » dans l'impossibilité de venir prendre pos» session de cette place, je la remplirai *moi» même,* et vous en enverrai les émolumens.»

Cette lettre autographe était accompagnée d'un brevet, non de *trésorier de la cassette,* mais de SECRÉTAIRE DES COMMANDEMENS. Depuis cette époque, M. de Provenchère reçoit exactement, à Philadelphie, le traitement affecté à ce titre honorable.

— Un habitant de Compiègne, *témoin oculaire,* nous transmet ce trait, dont nous pouvons d'ailleurs garantir l'authenticité.

M. le baron Lainé, avant d'être lieutenant-colonel de la gendarmerie de Paris, commandait en second un régiment de chasseurs à cheval en garnison à Compiègne. Le Prince qui avait remarqué dans ce brave militaire un attachement particulier à la personne de S. A. R., et un dévouement sans bornes à son auguste famille, l'affectionnait, et n'aimait pas moins ce régiment. Chaque fois que Mgr le duc de Berry venait chasser, il faisait manœuvrer le corps avec ce talent particulier que les meilleurs tacticiens admiraient dans toutes les revues du Prince. Un jour le régiment était en bataille sur l'esplanade, et une foule considérable s'y trouvait aussi : S. A. R., en arrivant, aperçoit accourir vers elle le lieutenant colonel Lainé, pour prendre ses ordres. *Lainé*, lui crie de loin le Prince, et d'une voix très-forte, qui semblait annoncer un grand mécontentement, *pied à terre !* Notre major s'arrête tout à coup ; et, assez interdit, se soumet à l'ordre du Prince. Mgr le duc de Berry s'était approché ; puis, conservant un front sévère : *à genoux !* dit S. A. R. Pour cette fois, le major, dont l'étonnement redouble, se croit destitué par l'effet de quelque calomnie atroce : tout le régiment, tous les spectateurs, ne doutaient plus de la cruelle disgrâce d'un officier si généralement estimé dans la ville, et chacun partageait déjà sa profonde douleur. Le lieutenant-colonel Lainé avait à peine mis un genou en terre, et présenté au Prince la poignée de son sabre, que S. A. R., d'un autre ton, prononce ces mots, de manière à être entendu de tous les assistans : *Lainé, au nom du Roi, je vous reçois chevalier de Saint-Louis ; faites votre serment, et venez ensuite me donner l'accolade de chevalier.* Il seroit impossible de peindre la sensation que produisirent ces paroles et cette scène sur le lieutenant-colonel, sur le régiment et les habitans de Compiègne ; spontanément, les shakos, les chapeaux, les mouchoirs, furent agités en l'air, aux cris, mille fois répétés, de *vive le duc de Berry !* Ce trait est digne de *Henri IV*.

— On se rappelle que le 1ᵉʳ juin 1818, le cheval d'un dragon de l'escorte du Roi, s'étant abattu, au pont de Neuilly, derrière les voitures de S. M., le cavalier eut la jambe cassée : LL. AA. RR., qui suivaient de près le Monarque, descendirent aussitôt de leur calèche, et y firent monter le dragon blessé, avec ordre de le conduire, au pas, à l'Élysée, et de lui prodiguer tous les soins possibles. Le Prince et la Princesse revinrent à pied, jusqu'aux montagnes Beaujon, pour y attendre une autre voiture.

— Huit jours avant d'être assassiné, le dimanche 6 février, cet excellent Prince, apercevant M. le chevalier Lecordier, maire du premier arrondissement, chez S. A. R. Monsieur, vint à lui en s'exprimant ainsi : « Vous m'en voulez donc, mon cher Lecor- » dier? » — Je ne sais à quoi attribuer ce reproche de V. A. R., répond aussitôt, et avec une extrême surprise, ce zélé fonctionnaire public, qui, dans toutes les circonstances, donna aux Bourbons de grandes preuves de dévouement. — « C'est qu'il y a long- » temps que vous ne m'avez rien demandé » pour vos indigens, ajoute Monseigneur le » duc de Berry. »

— Le matin du jour fatal, Monseigneur le duc de Berry parloit avec la Princesse des bals brillans auxquels ils étoient invités : « *C'est fort bien*, dit-il, *mais, pendant que les riches s'amusent, il faut que les pauvres vivent;* » et il fait porter aussitôt, au bureau de charité, un billet de *mille francs.*

Monseigneur le duc de Berry donnait régu- lièrement de six à sept mille francs par mois aux pauvres de sa paroisse : il est reconnu qu'il distribuait, par an, plus de *trois cent mille francs* en aumônes et bonnes œuvres.

Voilà le Prince dont la France entière déplore la perte. En lisant les traits dont il orna sa vie, ne serait-on pas tenté de croire que, toujours prêt à mourir, il voulut tracer d'avance son *Oraison funèbre?*

NOTES SUPPLÉMENTAIRES.

Pour ne point ralentir la marche des événemens principaux, différens détails ont été transportés ici.

———

(*) Le maréchal-des-logis David *nous a affirmé* être arrivé au même moment que le chasseur Desbiez. Desbiez a saisi *Louvel*; et David, Paulmier et *Louvel* à la fois : *Ce n'est pas moi qui suis coupable*, s'écriait l'assassin; et de son côté *Paulmier* disait : *Moi je suis innocent; c'est lui* (montrant *Louvel*). Marchez tous les deux, répliqua David.

Pendant ce colloque, Desbiez assurait tenir le meurtrier, qu'il n'avait pas perdu de vue; bien que déjà culbuté par *Louvel*, à l'instant de sa fuite, il fût tombé sur une borne en s'élançant sur ses pas.

Les deux autres gendarmes qui suivirent immédiatement le maréchal-des-logis David et saisirent *Louvel*, sont, *Lavigne*, de la première compagnie, et *Baland*, de la troisième.

L'assassin et Paulmier étant également mis en mains sûres par David, ce dernier se porte aussitôt sur le lieu où le crime venait d'être commis, afin de se procurer les renseignemens nécessaires sur la nature du délit; déjà une trentaine de personnes entouraient la voiture du Prince, et obstruaient l'entrée du vestibule gardée par deux factionnaires.

Monseigneur le duc de Berry se trouvait assis sur une banquette, à droite, la tête appuyée contre le mur, soutenu d'un côté par Madame la Duchesse, de l'autre par madame de Béthizy. Le Prince était mourant.

David, à l'aspect de Son Altesse Royale, s'adresse à la foule, demande instamment qu'on lui enseigne le médecin ou le chirurgien le plus voisin : au même moment, M. Drogart qui accourait, entre sous le vestibule.

David et un valet de pied prennent le Prince par-dessous les cuisses, et le montent dans le salon qui précède sa loge; là, M. Drogart cherche à connaître l'état de la blessure qu'on n'apercevait point. David, sur l'ordre de la Princesse, déboutonne l'habit, le gilet de

4

Son Altesse Royale, et déchire sa chemise : alors l'affreuse plaie apparaît : la poitrine et le ventre du Prince étoient inondés de sang. Quel épouvantable spectacle pour Madame la Duchesse !..... David resta auprès du Prince jusqu'à ce qu'on le vînt appeler pour confier *Louvel* à sa surveillance particulière.

On remarqua aussi, auprès du Prince, le capitaine Volff, qui commandait le détachement de service à l'Opéra. Ce brave officier fit preuve d'un grand zèle et d'un dévouement absolu.

Un fait des plus étranges est celui-ci. Ces événemens s'étaient passés si rapidement, et si peu de personnes en avaient connoissance, qu'on les ignorait totalement sur le théâtre de l'Opéra ; de telle sorte que, le second acte du ballet n'étant point interrompu, on entendait à la fois dans ce salon, et les sons animés de l'orchestre, et les gémissemens d'un Prince expirant ! Il y a plus ; à travers un large carreau, on voyoit, sur la scène, les danses s'exécuter, tandis qu'ici un fils de France luttait contre la mort ! jamais semblable contraste n'a existé !!!

(**) M. Courtin, administrateur de l'Académie Royale de Musique, s'empressa aussi de donner les premiers soins ; mais engagé, comme plusieurs autres personnes, à se retirer pour ne point gêner le Prince, dont on annonçait, en ce moment, la situation meilleure, il se rendit à cette invitation, et s'éloigna, persuadé que la vie de S. A. R. n'étoit plus en danger.

(***) M. le marquis d'Autichamp apprit, ainsi, la mort de S. A. R. le duc de Berry. Le 14, un peu avant sept heures du matin, l'un des domestiques de M. le gouverneur lui dit : « Général, un bien terrible événe-
» ment a eu lieu hier soir à l'Opéra. — Lequel ? —
» Monseigneur le duc de Berry a été assassiné. — De
» qui tiens-tu cette affreuse nouvelle ? — M. le comte
» de Pradel et M. le marquis de Dreux-Brézé sont en
» bas, dans le salon ; ils viennent de la part du Roi pour
» faire déposer au Louvre le corps du Prince. » Quel coup de foudre !... A peine M. le marquis d'Autichamp, qui se lève aussitôt, est-il avec MM. de Pradel et de Brézé, que le fatal cortége s'avance ; il s'arrête à la porte du gouverneur ! On descend le corps du Prince que l'on avoit étendu sur une planche de toute la lon-

gueur de la voiture, et recouvert d'un simple drap : on le place dans le local provisoire offert par M. le marquis d'Autichamp. D'abord on entoure de bougies cette royale dépouille ; bientôt des cierges et autres accessoires funéraires sont apportés de l'église de Saint-Germain-l'Auxerrois ; et l'on s'occupe, à l'instant, des préparatifs de la *chapelle ardente*.

MM. les docteurs Lacroix et Fournier, avec le premier valet de chambre de Monseigneur le duc de Berry, étaient dans la même voiture que le corps de S. A. R.

— Ce fut encore le docteur Lacroix-Lacombe qui, vers minuit, jugeant la position du Prince (assis dans un fauteuil), nuisible à son état, courut, accompagné de deux valets de pied, nommés *Gérard* et *Ferron*, chercher le *lit de sangle* chez le sieur *Duriez*, tapissier, rue Rameau.

Le docteur Caseneuve pratiqua, quelques momens après, les deux saignées aux pieds de S. A. R.

— M. le lieutenant-colonel Lainé, dont on connaît la vigilance infatigable, s'était trouvé à l'arrivée du Prince à l'Opéra ; toujours accompagné d'un ou de deux gendarmes, sa présence arrêta peut-être le bras de l'infâme *Louvel* à huit heures du soir : si le Prince et la Princesse eussent assisté au spectacle jusqu'à la fin, il est probable que ce jour-là, l'assassin n'aurait point exécuté son horrible projet ; le baron Lainé, qui avoit à visiter trente-deux postes, ayant fait ses dispositions pour être de retour avant la sortie de l'Opéra, arriva en effet dix minutes après l'événement.

— L'*ouvreuse de loge*, dont nous avons mentionné la louable conduite, page 34, est l'épouse de *M. Roullet*, marchand de pièces de théâtre dans l'intérieur de l'Opéra. M. Roullet seconda les efforts de sa femme avec un admirable dévouement. S. M. vient de récompenser, par une pension, leurs soins empressés, et leur zèle plein d'ardeur.

— Son Exc. le comte Anglès accompagna lui-même, dans sa propre voiture, l'assassin *Louvel*, et avant de partir pour l'hôtel du ministre de l'intérieur, prit avec M. le baron Christophe, colonel de la gendarmerie, toutes les mesures relatives à la sûreté de la FAMILLE ROYALE, et au maintien du bon ordre.

Autopsie *du corps de feu Son Altesse Royale, le mardi 15 février, à quatre heures après midi, au Louvre.*

Appelé pour procéder à l'ouverture du corps de Son Altesse Royale, les hommes de l'art ont *observé*,

1°. A l'extérieur, une plaie de deux pouces, à la partie supérieure et latérale droite de la poitrine ; cette plaie, primitivement d'un pouce, avait été agrandie par le *débridement*.

2°. Plus profondément, une ouverture au cinquième espace *intercostal*.

3°. La partie inférieure du poumon droit, traversée.

4°. Le *péricarde* percé, contenait une once et demie de sang coagulé et non coagulé.

5°. Deux ouvertures correspondantes, à l'oreillette droite du cœur.

6°. Une piqûre à la superficie du centre *aponévrotique* du *diaphragme* où le poignard s'était arrêté.

La poitrine contenait deux livres de sang.

Toutes les dimensions d'un instrument qui a été présenté, long de six pouces ; plat sur ses deux faces opposées, tranchant des deux côtés, très-aigu, parurent s'accorder avec toutes les *dimensions* de la plaie.

Ainsi, le poignard a été dirigé obliquement de dehors en dedans, et d'avant en arrière ; il est entré tout entier dans la poitrine.

*(Cette note nous a été transmise par le docteur Drogart, présent à l'*Autopsie.*)*

FIN.